I0007902

Date _____

Site Name _____

Site URL _____

Login (Username) _____

Password _____

2FA Security Key _____

Security Questions _____

_____

Notes _____

Date _____

Site Name _____

Site URL _____

Login (Username) _____

Password _____

2FA Security Key _____

Security Questions _____

_____

Notes _____

Date _____

Site Name _____

Site URL _____

Login (Username) _____

Password _____

2FA Security Key _____

Security Questions _____

_____

Notes _____

Date _____

Site Name _____

Site URL _____

Login (Username) _____

Password _____

2FA Security Key _____

Security Questions _____

_____

Notes _____

Date _____

Site Name _____

Site URL _____

Login (Username) _____

Password _____

2FA Security Key _____

Security Questions _____

_____

Notes _____

Date _____

Site Name _____

Site URL _____

Login (Username) _____

Password _____

2FA Security Key _____

Security Questions _____

_____

Notes _____

Date _____

Site Name _____

Site URL _____

Login (Username) _____

Password _____

2FA Security Key _____

Security Questions _____

_____

Notes _____

Date _____

Site Name _____

Site URL _____

Login (Username) _____

Password _____

2FA Security Key _____

Security Questions _____

_____

Notes _____

Date _____

Site Name _____

Site URL _____

Login (Username) _____

Password _____

2FA Security Key _____

Security Questions _____

_____

Notes _____

Date _____

Site Name _____

Site URL _____

Login (Username) _____

Password _____

2FA Security Key _____

Security Questions _____

_____

Notes _____

Date _____

Site Name _____

Site URL _____

Login (Username) _____

Password _____

2FA Security Key _____

Security Questions _____

_____

Notes _____

Date _____

Site Name _____

Site URL _____

Login (Username) _____

Password _____

2FA Security Key _____

Security Questions _____

_____

Notes _____

Date _____

Site Name _____

Site URL _____

Login (Username) _____

Password _____

2FA Security Key _____

Security Questions _____

_____

Notes _____

Date _____

Site Name _____

Site URL _____

Login (Username) _____

Password _____

2FA Security Key _____

Security Questions _____

_____

Notes _____

Date _____

Site Name _____

Site URL _____

Login (Username) _____

Password _____

2FA Security Key _____

Security Questions _____

_____

Notes _____

Date _____

Site Name _____

Site URL _____

Login (Username) _____

Password _____

2FA Security Key _____

Security Questions _____

_____

Notes _____

Date _____

Site Name _____

Site URL _____

Login (Username) _____

Password _____

2FA Security Key _____

Security Questions _____

_____

Notes _____

Date _____

Site Name _____

Site URL _____

Login (Username) _____

Password _____

2FA Security Key _____

Security Questions _____

_____

Notes _____

Date

Site Name

Site URL

Login (Username)

Password

2FA Security Key

Security Questions

Notes

Date

Site Name

Site URL

Login (Username)

Password

2FA Security Key

Security Questions

Notes

Date _____

Site Name _____

Site URL _____

Login (Username) _____

Password _____

2FA Security Key _____

Security Questions _____

_____

Notes _____

Date _____

Site Name _____

Site URL _____

Login (Username) _____

Password _____

2FA Security Key _____

Security Questions _____

_____

Notes _____

Date _____

Site Name _____

Site URL _____

Login (Username) _____

Password _____

2FA Security Key _____

Security Questions _____

_____

Notes _____

Date _____

Site Name _____

Site URL _____

Login (Username) _____

Password _____

2FA Security Key _____

Security Questions _____

_____

Notes _____

Date _____

Site Name _____

Site URL _____

Login (Username) _____

Password _____

2FA Security Key _____

Security Questions _____

_____

Notes _____

Date _____

Site Name _____

Site URL _____

Login (Username) _____

Password _____

2FA Security Key _____

Security Questions _____

_____

Notes _____

Date _____

Site Name _____

Site URL _____

Login (Username) _____

Password _____

2FA Security Key _____

Security Questions _____

_____

Notes _____

Date _____

Site Name _____

Site URL _____

Login (Username) _____

Password _____

2FA Security Key _____

Security Questions _____

_____

Notes _____

Date _____

Site Name _____

Site URL _____

Login (Username) _____

Password _____

2FA Security Key _____

Security Questions _____

_____

Notes _____

Date _____

Site Name _____

Site URL _____

Login (Username) _____

Password _____

2FA Security Key _____

Security Questions _____

_____

Notes _____

Date _____

Site Name _____

Site URL _____

Login (Username) _____

Password _____

2FA Security Key _____

Security Questions _____

_____

Notes _____

Date _____

Site Name _____

Site URL _____

Login (Username) _____

Password _____

2FA Security Key _____

Security Questions _____

_____

Notes _____

Date _____

Site Name _____

Site URL _____

Login (Username) _____

Password _____

2FA Security Key _____

Security Questions _____

_____

Notes _____

Date _____

Site Name _____

Site URL _____

Login (Username) _____

Password _____

2FA Security Key _____

Security Questions _____

_____

Notes _____

Date _____

Site Name _____

Site URL _____

Login (Username) _____

Password _____

2FA Security Key _____

Security Questions _____

_____

Notes _____

Date _____

Site Name _____

Site URL _____

Login (Username) _____

Password _____

2FA Security Key _____

Security Questions _____

_____

Notes _____

Date _____

Site Name _____

Site URL _____

Login (Username) _____

Password _____

2FA Security Key _____

Security Questions _____

_____

Notes _____

Date _____

Site Name _____

Site URL _____

Login (Username) _____

Password _____

2FA Security Key _____

Security Questions _____

_____

Notes _____

Date _____

Site Name _____

Site URL _____

Login (Username) _____

Password _____

2FA Security Key _____

Security Questions _____

_____

Notes _____

Date _____

Site Name _____

Site URL _____

Login (Username) _____

Password _____

2FA Security Key _____

Security Questions _____

_____

Notes _____

Date _____

Site Name _____

Site URL _____

Login (Username) _____

Password _____

2FA Security Key _____

Security Questions _____

_____

Notes _____

Date _____

Site Name _____

Site URL _____

Login (Username) _____

Password _____

2FA Security Key _____

Security Questions _____

_____

Notes _____

Date _____

Site Name _____

Site URL _____

Login (Username) _____

Password _____

2FA Security Key _____

Security Questions _____

_____

Notes _____

Date _____

Site Name _____

Site URL _____

Login (Username) _____

Password _____

2FA Security Key _____

Security Questions _____

_____

Notes _____

Date

Site Name

Site URL

Login (Username)

Password

2FA Security Key

Security Questions

Notes

Date

Site Name

Site URL

Login (Username)

Password

2FA Security Key

Security Questions

Notes

Date

Site Name

Site URL

Login (Username)

Password

2FA Security Key

Security Questions

Notes

Date

Site Name

Site URL

Login (Username)

Password

2FA Security Key

Security Questions

Notes

Date _____

Site Name _____

Site URL _____

Login (Username) _____

Password _____

2FA Security Key _____

Security Questions _____

_____

Notes _____

Date _____

Site Name _____

Site URL _____

Login (Username) _____

Password _____

2FA Security Key _____

Security Questions _____

_____

Notes _____

Date _____

Site Name _____

Site URL _____

Login (Username) _____

Password _____

2FA Security Key _____

Security Questions _____

_____

Notes _____

Date _____

Site Name _____

Site URL _____

Login (Username) _____

Password _____

2FA Security Key _____

Security Questions _____

_____

Notes _____

Date _____

Site Name _____

Site URL _____

Login (Username) _____

Password _____

2FA Security Key _____

Security Questions _____

_____

Notes _____

Date _____

Site Name _____

Site URL _____

Login (Username) _____

Password _____

2FA Security Key _____

Security Questions _____

_____

Notes _____

Date _____

Site Name _____

Site URL _____

Login (Username) _____

Password _____

2FA Security Key _____

Security Questions _____

_____

Notes _____

Date _____

Site Name _____

Site URL _____

Login (Username) _____

Password _____

2FA Security Key _____

Security Questions _____

_____

Notes _____

Date _____

Site Name _____

Site URL _____

Login (Username) _____

Password _____

2FA Security Key _____

Security Questions _____

_____

Notes _____

Date _____

Site Name _____

Site URL _____

Login (Username) _____

Password _____

2FA Security Key _____

Security Questions _____

_____

Notes _____

Date _____

Site Name _____

Site URL _____

Login (Username) _____

Password _____

2FA Security Key _____

Security Questions _____

_____

Notes _____

Date _____

Site Name _____

Site URL _____

Login (Username) _____

Password _____

2FA Security Key _____

Security Questions _____

_____

Notes _____

Date _____

Site Name _____

Site URL _____

Login (Username) _____

Password _____

2FA Security Key _____

Security Questions _____

_____

Notes _____

Date _____

Site Name _____

Site URL _____

Login (Username) _____

Password _____

2FA Security Key _____

Security Questions _____

_____

Notes _____

Date _____

Site Name _____

Site URL _____

Login (Username) _____

Password _____

2FA Security Key _____

Security Questions _____

_____

Notes _____

Date _____

Site Name _____

Site URL _____

Login (Username) _____

Password _____

2FA Security Key _____

Security Questions _____

_____

Notes _____

Date _____

Site Name _____

Site URL _____

Login (Username) _____

Password _____

2FA Security Key _____

Security Questions _____

_____

Notes _____

Date _____

Site Name _____

Site URL _____

Login (Username) _____

Password _____

2FA Security Key _____

Security Questions _____

_____

Notes _____

Date

Site Name

Site URL

Login (Username)

Password

2FA Security Key

Security Questions

Notes

Date

Site Name

Site URL

Login (Username)

Password

2FA Security Key

Security Questions

Notes

Date _____

Site Name _____

Site URL _____

Login (Username) _____

Password _____

2FA Security Key _____

Security Questions _____

_____

Notes _____

Date _____

Site Name _____

Site URL _____

Login (Username) _____

Password _____

2FA Security Key _____

Security Questions _____

_____

Notes _____

Date

Site Name

Site URL

Login (Username)

Password

2FA Security Key

Security Questions

_____

Notes

Date

Site Name

Site URL

Login (Username)

Password

2FA Security Key

Security Questions

_____

Notes

Date _____

Site Name _____

Site URL _____

Login (Username) _____

Password _____

2FA Security Key _____

Security Questions _____

_____

Notes _____

Date _____

Site Name _____

Site URL _____

Login (Username) _____

Password _____

2FA Security Key _____

Security Questions _____

_____

Notes _____

Date _____

Site Name _____

Site URL _____

Login (Username) _____

Password _____

2FA Security Key _____

Security Questions _____

_____

Notes _____

Date _____

Site Name _____

Site URL _____

Login (Username) _____

Password _____

2FA Security Key _____

Security Questions _____

_____

Notes _____

Date _____

Site Name _____

Site URL _____

Login (Username) _____

Password _____

2FA Security Key _____

Security Questions _____

_____

Notes _____

Date _____

Site Name _____

Site URL _____

Login (Username) _____

Password _____

2FA Security Key _____

Security Questions _____

_____

Notes _____

Date _____

Site Name _____

Site URL _____

Login (Username) _____

Password _____

2FA Security Key _____

Security Questions _____

_____

Notes _____

Date _____

Site Name _____

Site URL _____

Login (Username) _____

Password _____

2FA Security Key _____

Security Questions _____

_____

Notes _____

Date _____

Site Name _____

Site URL _____

Login (Username) _____

Password _____

2FA Security Key _____

Security Questions _____

_____

Notes _____

Date _____

Site Name _____

Site URL _____

Login (Username) _____

Password _____

2FA Security Key _____

Security Questions _____

_____

Notes _____

Date _____

Site Name _____

Site URL _____

Login (Username) _____

Password _____

2FA Security Key _____

Security Questions _____

_____

Notes _____

Date _____

Site Name _____

Site URL _____

Login (Username) _____

Password _____

2FA Security Key _____

Security Questions _____

_____

Notes _____

Date _____

Site Name _____

Site URL _____

Login (Username) _____

Password _____

2FA Security Key _____

Security Questions _____

_____

Notes _____

Date _____

Site Name _____

Site URL _____

Login (Username) _____

Password _____

2FA Security Key _____

Security Questions _____

_____

Notes _____

Date _____

Site Name _____

Site URL _____

Login (Username) _____

Password _____

2FA Security Key _____

Security Questions _____

_____

Notes _____

Date _____

Site Name _____

Site URL _____

Login (Username) _____

Password _____

2FA Security Key _____

Security Questions _____

_____

Notes _____

Date _____

Site Name _____

Site URL _____

Login (Username) _____

Password _____

2FA Security Key _____

Security Questions _____

_____

Notes _____

Date _____

Site Name _____

Site URL _____

Login (Username) _____

Password _____

2FA Security Key _____

Security Questions _____

_____

Notes _____

Date _____

Site Name _____

Site URL _____

Login (Username) _____

Password _____

2FA Security Key _____

Security Questions _____

_____

Notes _____

Date _____

Site Name _____

Site URL _____

Login (Username) _____

Password _____

2FA Security Key _____

Security Questions _____

_____

Notes _____

Date _____

Site Name _____

Site URL _____

Login (Username) _____

Password _____

2FA Security Key _____

Security Questions _____

_____

Notes _____

Date _____

Site Name _____

Site URL _____

Login (Username) _____

Password _____

2FA Security Key _____

Security Questions _____

_____

Notes _____

Date _____

Site Name _____

Site URL _____

Login (Username) _____

Password _____

2FA Security Key _____

Security Questions _____

_____

Notes _____

Date _____

Site Name _____

Site URL _____

Login (Username) _____

Password _____

2FA Security Key _____

Security Questions _____

_____

Notes _____

Date _____

Site Name _____

Site URL _____

Login (Username) _____

Password _____

2FA Security Key _____

Security Questions _____

_____

Notes _____

Date _____

Site Name _____

Site URL _____

Login (Username) _____

Password _____

2FA Security Key _____

Security Questions _____

_____

Notes _____

Date

Site Name

Site URL

Login (Username)

Password

2FA Security Key

Security Questions

_____

Notes

Date

Site Name

Site URL

Login (Username)

Password

2FA Security Key

Security Questions

_____

Notes

Date _____

Site Name _____

Site URL _____

Login (Username) _____

Password _____

2FA Security Key _____

Security Questions _____

_____

Notes _____

Date _____

Site Name _____

Site URL _____

Login (Username) _____

Password _____

2FA Security Key _____

Security Questions _____

_____

Notes _____

Date _____

Site Name _____

Site URL _____

Login (Username) _____

Password _____

2FA Security Key _____

Security Questions _____

_____

Notes _____

Date _____

Site Name _____

Site URL _____

Login (Username) _____

Password _____

2FA Security Key _____

Security Questions _____

_____

Notes _____

Date

Site Name

Site URL

Login (Username)

Password

2FA Security Key

Security Questions

Notes

Date

Site Name

Site URL

Login (Username)

Password

2FA Security Key

Security Questions

Notes

Date _____

Site Name _____

Site URL _____

Login (Username) _____

Password _____

2FA Security Key _____

Security Questions _____

_____

Notes _____

Date _____

Site Name _____

Site URL _____

Login (Username) _____

Password _____

2FA Security Key _____

Security Questions _____

_____

Notes _____

Date _____

Site Name _____

Site URL _____

Login (Username) _____

Password _____

2FA Security Key _____

Security Questions _____

_____

Notes _____

Date _____

Site Name _____

Site URL _____

Login (Username) _____

Password _____

2FA Security Key _____

Security Questions _____

_____

Notes _____

Date

Site Name

Site URL

Login (Username)

Password

2FA Security Key

Security Questions

Notes

Date

Site Name

Site URL

Login (Username)

Password

2FA Security Key

Security Questions

Notes

Date _____

Site Name _____

Site URL _____

Login (Username) _____

Password _____

2FA Security Key _____

Security Questions _____

_____

Notes _____

Date _____

Site Name _____

Site URL _____

Login (Username) _____

Password _____

2FA Security Key _____

Security Questions _____

_____

Notes _____

Date _____

Site Name _____

Site URL _____

Login (Username) _____

Password _____

2FA Security Key _____

Security Questions _____

_____

Notes _____

Date _____

Site Name _____

Site URL _____

Login (Username) _____

Password _____

2FA Security Key _____

Security Questions _____

_____

Notes _____

Date _____

Site Name _____

Site URL _____

Login (Username) _____

Password _____

2FA Security Key _____

Security Questions _____

_____

Notes _____

Date _____

Site Name _____

Site URL _____

Login (Username) _____

Password _____

2FA Security Key _____

Security Questions _____

_____

Notes _____

Date _____

Site Name _____

Site URL _____

Login (Username) _____

Password _____

2FA Security Key _____

Security Questions _____

_____

Notes _____

Date _____

Site Name _____

Site URL _____

Login (Username) _____

Password _____

2FA Security Key _____

Security Questions _____

_____

Notes _____

Date _____

Site Name _____

Site URL _____

Login (Username) _____

Password _____

2FA Security Key _____

Security Questions _____

_____

Notes _____

Date _____

Site Name _____

Site URL _____

Login (Username) _____

Password _____

2FA Security Key _____

Security Questions _____

_____

Notes _____

Date _____

Site Name _____

Site URL _____

Login (Username) _____

Password _____

2FA Security Key _____

Security Questions _____

_____

Notes _____

Date _____

Site Name _____

Site URL _____

Login (Username) _____

Password _____

2FA Security Key _____

Security Questions _____

_____

Notes _____

Date

Site Name

Site URL

Login (Username)

Password

2FA Security Key

Security Questions

Notes

Date

Site Name

Site URL

Login (Username)

Password

2FA Security Key

Security Questions

Notes

Date _____

Site Name _____

Site URL _____

Login (Username) _____

Password _____

2FA Security Key _____

Security Questions _____

_____

Notes _____

Date _____

Site Name _____

Site URL _____

Login (Username) _____

Password _____

2FA Security Key _____

Security Questions _____

_____

Notes _____

Date _____

Site Name _____

Site URL _____

Login (Username) _____

Password _____

2FA Security Key _____

Security Questions _____

_____

Notes _____

Date _____

Site Name _____

Site URL _____

Login (Username) _____

Password _____

2FA Security Key _____

Security Questions _____

_____

Notes _____

Date

Site Name

Site URL

Login (Username)

Password

2FA Security Key

Security Questions

Notes

Date

Site Name

Site URL

Login (Username)

Password

2FA Security Key

Security Questions

Notes

Date

Site Name

Site URL

Login (Username)

Password

2FA Security Key

Security Questions

_____

Notes

Date

Site Name

Site URL

Login (Username)

Password

2FA Security Key

Security Questions

_____

Notes

Date _____

Site Name _____

Site URL _____

Login (Username) _____

Password _____

2FA Security Key _____

Security Questions _____

_____

Notes _____

Date _____

Site Name _____

Site URL _____

Login (Username) _____

Password _____

2FA Security Key _____

Security Questions _____

_____

Notes _____

Date

Site Name

Site URL

Login (Username)

Password

2FA Security Key

Security Questions

Notes

Date

Site Name

Site URL

Login (Username)

Password

2FA Security Key

Security Questions

Notes

Date _____

Site Name _____

Site URL _____

Login (Username) _____

Password _____

2FA Security Key _____

Security Questions _____

_____

Notes _____

Date _____

Site Name _____

Site URL _____

Login (Username) _____

Password _____

2FA Security Key _____

Security Questions _____

_____

Notes _____

Date _____

Site Name _____

Site URL _____

Login (Username) _____

Password _____

2FA Security Key _____

Security Questions _____

_____

Notes _____

Date _____

Site Name _____

Site URL _____

Login (Username) _____

Password _____

2FA Security Key _____

Security Questions _____

_____

Notes _____

Date

Site Name

Site URL

Login (Username)

Password

2FA Security Key

Security Questions

_____

Notes

Date

Site Name

Site URL

Login (Username)

Password

2FA Security Key

Security Questions

_____

Notes

Date _____

Site Name _____

Site URL _____

Login (Username) _____

Password _____

2FA Security Key _____

Security Questions _____

_____

Notes _____

Date _____

Site Name _____

Site URL _____

Login (Username) _____

Password _____

2FA Security Key _____

Security Questions _____

_____

Notes _____

Date

Site Name

Site URL

Login (Username)

Password

2FA Security Key

Security Questions

Notes

Date

Site Name

Site URL

Login (Username)

Password

2FA Security Key

Security Questions

Notes

Date _____

Site Name _____

Site URL _____

Login (Username) _____

Password _____

2FA Security Key _____

Security Questions _____

_____

Notes _____

Date _____

Site Name _____

Site URL _____

Login (Username) _____

Password _____

2FA Security Key _____

Security Questions _____

_____

Notes _____

Date _____

Site Name _____

Site URL _____

Login (Username) _____

Password _____

2FA Security Key _____

Security Questions _____

_____

Notes _____

Date _____

Site Name _____

Site URL _____

Login (Username) _____

Password _____

2FA Security Key _____

Security Questions _____

_____

Notes _____

Date _____

Site Name _____

Site URL _____

Login (Username) _____

Password _____

2FA Security Key _____

Security Questions _____

_____

Notes _____

Date _____

Site Name _____

Site URL _____

Login (Username) _____

Password _____

2FA Security Key _____

Security Questions _____

_____

Notes _____

Date

Site Name

Site URL

Login (Username)

Password

2FA Security Key

Security Questions

Notes

Date

Site Name

Site URL

Login (Username)

Password

2FA Security Key

Security Questions

Notes

Date

Site Name

Site URL

Login (Username)

Password

2FA Security Key

Security Questions

_____

Notes

Date

Site Name

Site URL

Login (Username)

Password

2FA Security Key

Security Questions

_____

Notes

Date

Site Name

Site URL

Login (Username)

Password

2FA Security Key

Security Questions

Notes

Date

Site Name

Site URL

Login (Username)

Password

2FA Security Key

Security Questions

Notes

Date

Site Name

Site URL

Login (Username)

Password

2FA Security Key

Security Questions

Notes

Date

Site Name

Site URL

Login (Username)

Password

2FA Security Key

Security Questions

Notes

Date

Site Name

Site URL

Login (Username)

Password

2FA Security Key

Security Questions

Notes

Date

Site Name

Site URL

Login (Username)

Password

2FA Security Key

Security Questions

Notes

Date _____

Site Name _____

Site URL _____

Login (Username) _____

Password _____

2FA Security Key _____

Security Questions _____

_____

Notes _____

Date _____

Site Name _____

Site URL _____

Login (Username) _____

Password _____

2FA Security Key _____

Security Questions _____

_____

Notes _____

Date

Site Name

Site URL

Login (Username)

Password

2FA Security Key

Security Questions

_____

Notes

Date

Site Name

Site URL

Login (Username)

Password

2FA Security Key

Security Questions

_____

Notes

Date _____

Site Name _____

Site URL _____

Login (Username) _____

Password _____

2FA Security Key _____

Security Questions _____

_____

Notes _____

Date _____

Site Name _____

Site URL _____

Login (Username) _____

Password _____

2FA Security Key _____

Security Questions _____

_____

Notes _____

Date _____

Site Name _____

Site URL _____

Login (Username) _____

Password _____

2FA Security Key _____

Security Questions _____

_____

Notes _____

Date _____

Site Name _____

Site URL _____

Login (Username) _____

Password _____

2FA Security Key _____

Security Questions _____

_____

Notes _____

Date

Site Name

Site URL

Login (Username)

Password

2FA Security Key

Security Questions

Notes

Date

Site Name

Site URL

Login (Username)

Password

2FA Security Key

Security Questions

Notes

Date _____

Site Name _____

Site URL _____

Login (Username) _____

Password _____

2FA Security Key _____

Security Questions _____

_____

Notes _____

Date _____

Site Name _____

Site URL _____

Login (Username) _____

Password _____

2FA Security Key _____

Security Questions _____

_____

Notes _____

Date _____

Site Name _____

Site URL _____

Login (Username) _____

Password _____

2FA Security Key _____

Security Questions _____

_____

Notes _____

Date _____

Site Name _____

Site URL _____

Login (Username) _____

Password _____

2FA Security Key _____

Security Questions _____

_____

Notes _____

Date _____

Site Name _____

Site URL _____

Login (Username) _____

Password _____

2FA Security Key _____

Security Questions _____

_____

Notes _____

Date _____

Site Name _____

Site URL _____

Login (Username) _____

Password _____

2FA Security Key _____

Security Questions _____

_____

Notes _____

Date

Site Name

Site URL

Login (Username)

Password

2FA Security Key

Security Questions

_____

Notes

Date

Site Name

Site URL

Login (Username)

Password

2FA Security Key

Security Questions

_____

Notes

Date _____

Site Name _____

Site URL _____

Login (Username) _____

Password _____

2FA Security Key _____

Security Questions _____

_____

Notes _____

Date _____

Site Name _____

Site URL _____

Login (Username) _____

Password _____

2FA Security Key _____

Security Questions _____

_____

Notes _____

Date

Site Name

Site URL

Login (Username)

Password

2FA Security Key

Security Questions

Notes

Date

Site Name

Site URL

Login (Username)

Password

2FA Security Key

Security Questions

Notes

Date _____

Site Name _____

Site URL _____

Login (Username) _____

Password _____

2FA Security Key _____

Security Questions _____

_____

Notes _____

Date _____

Site Name _____

Site URL _____

Login (Username) _____

Password _____

2FA Security Key _____

Security Questions _____

_____

Notes _____

Date _____

Site Name _____

Site URL _____

Login (Username) _____

Password _____

2FA Security Key _____

Security Questions _____

_____

Notes _____

Date _____

Site Name _____

Site URL _____

Login (Username) _____

Password _____

2FA Security Key _____

Security Questions _____

_____

Notes _____

Date _____

Site Name _____

Site URL _____

Login (Username) _____

Password _____

2FA Security Key _____

Security Questions _____

_____

Notes _____

Date _____

Site Name _____

Site URL _____

Login (Username) _____

Password _____

2FA Security Key _____

Security Questions _____

_____

Notes _____

Date _____

Site Name _____

Site URL _____

Login (Username) _____

Password _____

2FA Security Key _____

Security Questions _____

_____

Notes _____

Date _____

Site Name _____

Site URL _____

Login (Username) _____

Password _____

2FA Security Key _____

Security Questions _____

_____

Notes _____

Date _____

Site Name _____

Site URL _____

Login (Username) _____

Password _____

2FA Security Key _____

Security Questions _____

_____

Notes _____

Date _____

Site Name _____

Site URL _____

Login (Username) _____

Password _____

2FA Security Key _____

Security Questions _____

_____

Notes _____

Date _____

Site Name _____

Site URL _____

Login (Username) _____

Password _____

2FA Security Key _____

Security Questions _____

_____

Notes _____

Date _____

Site Name _____

Site URL _____

Login (Username) _____

Password _____

2FA Security Key _____

Security Questions _____

_____

Notes _____

Date _____

Site Name _____

Site URL _____

Login (Username) _____

Password _____

2FA Security Key _____

Security Questions _____

_____

Notes _____

Date _____

Site Name _____

Site URL _____

Login (Username) _____

Password _____

2FA Security Key _____

Security Questions _____

_____

Notes _____

Date _____

Site Name _____

Site URL _____

Login (Username) _____

Password _____

2FA Security Key _____

Security Questions _____

_____

Notes _____

Date _____

Site Name _____

Site URL _____

Login (Username) _____

Password _____

2FA Security Key _____

Security Questions _____

_____

Notes _____

Date _____

Site Name _____

Site URL _____

Login (Username) _____

Password _____

2FA Security Key _____

Security Questions _____

_____

Notes _____

Date _____

Site Name _____

Site URL _____

Login (Username) _____

Password _____

2FA Security Key _____

Security Questions _____

_____

Notes _____

Date _____

Site Name _____

Site URL _____

Login (Username) _____

Password _____

2FA Security Key _____

Security Questions _____

_____

Notes _____

Date _____

Site Name _____

Site URL _____

Login (Username) _____

Password _____

2FA Security Key _____

Security Questions _____

_____

Notes _____

Date _____

Site Name _____

Site URL _____

Login (Username) _____

Password _____

2FA Security Key _____

Security Questions _____

_____

Notes _____

Date _____

Site Name _____

Site URL _____

Login (Username) _____

Password _____

2FA Security Key _____

Security Questions _____

_____

Notes _____

Date

Site Name

Site URL

Login (Username)

Password

2FA Security Key

Security Questions

Notes

Date

Site Name

Site URL

Login (Username)

Password

2FA Security Key

Security Questions

Notes

Date _____

Site Name _____

Site URL _____

Login (Username) _____

Password _____

2FA Security Key _____

Security Questions _____

_____

Notes _____

Date _____

Site Name _____

Site URL _____

Login (Username) _____

Password _____

2FA Security Key _____

Security Questions _____

_____

Notes _____

Date _____

Site Name _____

Site URL _____

Login (Username) _____

Password _____

2FA Security Key _____

Security Questions _____

_____

Notes _____

Date _____

Site Name _____

Site URL _____

Login (Username) _____

Password _____

2FA Security Key _____

Security Questions _____

_____

Notes _____

Date

Site Name

Site URL

Login (Username)

Password

2FA Security Key

Security Questions

Notes

Date

Site Name

Site URL

Login (Username)

Password

2FA Security Key

Security Questions

Notes

Date _____

Site Name _____

Site URL _____

Login (Username) _____

Password _____

2FA Security Key _____

Security Questions _____

_____

Notes _____

Date _____

Site Name _____

Site URL _____

Login (Username) _____

Password _____

2FA Security Key _____

Security Questions _____

_____

Notes _____

Date _____

Site Name _____

Site URL _____

Login (Username) _____

Password _____

2FA Security Key _____

Security Questions _____

_____

Notes _____

Date _____

Site Name _____

Site URL _____

Login (Username) _____

Password _____

2FA Security Key _____

Security Questions _____

_____

Notes _____

Date

Site Name

Site URL

Login (Username)

Password

2FA Security Key

Security Questions

_____

Notes

Date

Site Name

Site URL

Login (Username)

Password

2FA Security Key

Security Questions

_____

Notes

Date _____

Site Name _____

Site URL _____

Login (Username) _____

Password _____

2FA Security Key _____

Security Questions _____

_____

Notes _____

Date _____

Site Name _____

Site URL _____

Login (Username) _____

Password _____

2FA Security Key _____

Security Questions _____

_____

Notes _____

Date _____

Site Name _____

Site URL _____

Login (Username) _____

Password _____

2FA Security Key _____

Security Questions _____

_____

Notes _____

Date _____

Site Name _____

Site URL _____

Login (Username) _____

Password _____

2FA Security Key _____

Security Questions _____

_____

Notes _____

Date _____

Site Name _____

Site URL _____

Login (Username) _____

Password _____

2FA Security Key _____

Security Questions _____

_____

Notes _____

Date _____

Site Name _____

Site URL _____

Login (Username) _____

Password _____

2FA Security Key _____

Security Questions _____

_____

Notes _____

Date _____

Site Name _____

Site URL _____

Login (Username) _____

Password _____

2FA Security Key _____

Security Questions _____

_____

Notes _____

Date _____

Site Name _____

Site URL _____

Login (Username) _____

Password _____

2FA Security Key _____

Security Questions _____

_____

Notes _____

Date _____

Site Name _____

Site URL _____

Login (Username) _____

Password _____

2FA Security Key _____

Security Questions _____

_____

Notes _____

Date _____

Site Name _____

Site URL _____

Login (Username) _____

Password _____

2FA Security Key _____

Security Questions _____

_____

Notes _____

Date _____

Site Name _____

Site URL _____

Login (Username) _____

Password _____

2FA Security Key _____

Security Questions _____

_____

Notes _____

Date _____

Site Name _____

Site URL _____

Login (Username) _____

Password _____

2FA Security Key _____

Security Questions _____

_____

Notes _____

Date _____

Site Name _____

Site URL _____

Login (Username) _____

Password _____

2FA Security Key _____

Security Questions _____

_____

Notes _____

Date _____

Site Name _____

Site URL _____

Login (Username) _____

Password _____

2FA Security Key _____

Security Questions _____

_____

Notes _____

Date _____

Site Name _____

Site URL _____

Login (Username) _____

Password _____

2FA Security Key _____

Security Questions _____

_____

Notes _____

Date _____

Site Name _____

Site URL _____

Login (Username) _____

Password _____

2FA Security Key _____

Security Questions _____

_____

Notes _____

Date _____

Site Name _____

Site URL _____

Login (Username) _____

Password _____

2FA Security Key _____

Security Questions _____

_____

Notes _____

Date _____

Site Name _____

Site URL _____

Login (Username) _____

Password _____

2FA Security Key _____

Security Questions _____

_____

Notes _____

Date _____

Site Name _____

Site URL _____

Login (Username) _____

Password _____

2FA Security Key _____

Security Questions _____

_____

Notes _____

Date _____

Site Name _____

Site URL _____

Login (Username) _____

Password _____

2FA Security Key _____

Security Questions _____

_____

Notes _____

Date

Site Name

Site URL

Login (Username)

Password

2FA Security Key

Security Questions

_____

Notes

Date

Site Name

Site URL

Login (Username)

Password

2FA Security Key

Security Questions

_____

Notes

Date

Site Name

Site URL

Login (Username)

Password

2FA Security Key

Security Questions

Notes

Date

Site Name

Site URL

Login (Username)

Password

2FA Security Key

Security Questions

Notes

Date _____

Site Name _____

Site URL _____

Login (Username) _____

Password _____

2FA Security Key _____

Security Questions _____

_____

Notes _____

Date _____

Site Name _____

Site URL _____

Login (Username) _____

Password _____

2FA Security Key _____

Security Questions _____

_____

Notes _____

Date _____

Site Name _____

Site URL _____

Login (Username) _____

Password _____

2FA Security Key _____

Security Questions _____

_____

Notes _____

Date _____

Site Name _____

Site URL _____

Login (Username) _____

Password _____

2FA Security Key _____

Security Questions _____

_____

Notes _____

Date

Site Name

Site URL

Login (Username)

Password

2FA Security Key

Security Questions

_____

Notes

Date

Site Name

Site URL

Login (Username)

Password

2FA Security Key

Security Questions

_____

Notes

Date _____

Site Name _____

Site URL _____

Login (Username) _____

Password _____

2FA Security Key _____

Security Questions _____

_____

Notes _____

Date _____

Site Name _____

Site URL _____

Login (Username) _____

Password _____

2FA Security Key _____

Security Questions _____

_____

Notes _____

Date _____

Site Name _____

Site URL _____

Login (Username) _____

Password _____

2FA Security Key _____

Security Questions _____

_____

Notes _____

Date _____

Site Name _____

Site URL _____

Login (Username) _____

Password _____

2FA Security Key _____

Security Questions _____

_____

Notes _____

Date _____

Site Name _____

Site URL _____

Login (Username) _____

Password _____

2FA Security Key _____

Security Questions _____

_____

Notes _____

Date _____

Site Name _____

Site URL _____

Login (Username) _____

Password _____

2FA Security Key _____

Security Questions _____

_____

Notes _____

Date _____

Site Name _____

Site URL _____

Login (Username) _____

Password _____

2FA Security Key _____

Security Questions _____

_____

Notes _____

Date _____

Site Name _____

Site URL _____

Login (Username) _____

Password _____

2FA Security Key _____

Security Questions _____

_____

Notes _____